Tom de Toys

NEUROATHEISMUS

21 transreligiöse Gedichte
1989 – 2015

Hrsg. G&GN-Institut
© POEMiE™

TOM DE TOYS: Geboren am 24.1.1968 als Thomas Holzapfel in Jülich, lebt nach 14 Jahren Berlin seit 2012 in Düsseldorf Eller Süd, entwickelte seine antimetaphorische "Direkte Dichtung" 1989 aufgrund einer mystischen Erfahrung (Lochismus), gründete 1990 in Köln das Institut für Ganz & GarNix (G&GN: www.G-GN.de), entdeckte 1994 die "Erweiterte Sachlichkeit" (E.S.) zur Repolitisierung echter Liebeslyrik gegen den germanistischen Etikettenschwindel, organisierte 1995+1996 die ersten beiden Offlyrikfestivals (Köln und Kiel), machte 1996-2009 Sprechgesang in seiner Band "Das Rilke Radikal", betrieb 1998-2000 den Literatursalon im Berliner Kunsthaus Tacheles, gewann 2000 den ersten NAHBELL-Lyrikpreis, erfand 2001 die Quantenlyrik (Welturaufführung dank Goethe-Institut an der Universität von São Paulo) und gründete seine Trademark POEMiE™. Arbeitete 2005-2009 beim Berliner Schillerpalais für das Künstlernetz Neukölln als Eventmanager und Online-Redakteur, bevor er wegen seiner Jugendliebe ins Rheinland zurückkehrte. Seit 2013 Mitglied auf dem Portal "Düsseldorfer Künstler". Seit 2014 auf dem Portal "Literaturstadt Düsseldorf". KUNO-Twitteraturpreis 2015 für seinen Gedichtband "DAS GESPÜR FÜR DIE WELT". Organisiert 2017 das 3.Offlyrikfestival in Düsseldorf: www.Lyrikfestival.de

ORIGINALAUSGABE 2015

Herstellung und Verlag: BoD
Books on Demand, Norderstedt

"So ist es auch oft reine Ansichtssache, welche
Phänomene grundlegend sind und welche sich aus den
anderen ableiten lassen. Letzten Endes ist es ja so,
daß alles wie ein Puzzle zusammenpassen muß,
wobei das eine aus dem anderen folgt. Es ist nur
manchmal leichter darzustellen, wenn man von
bestimmten Phänomenen ausgeht und die als
grundlegend betrachtet, auch wenn sie sich bei einer
Erweiterung des Weltbildes als ableitbar aus anderen
Phänomenen erweisen. (...) Die Kunst besteht darin,
auseinanderzuhalten, was uns die Natur vorsetzt,
und was wir daraus folgern können, um so unser
Gedankengebäude auf möglichst wenigen
Voraussetzungen aufzubauen – das ist es,
was uns das Gefühl des Verstehens gibt.
Auch ist nichts Mystisches oder Übernatürliches
in der Natur vorhanden – was nicht bedeutet,
daß wir mit unserem Gehirn alles verstehen können.
Es liegt aber soviel Wunderbares – für uns offen
oder noch versteckt – in der Natur, daß schon
dadurch unsere Ehrfurcht davor geweckt wird."

Christian Holzapfel, 2005:
EINE KLEINE GESCHICHTE
DES ELEKTRONS

I N H A L T
© www.G-GN.de

01) **21.6.1989**: KONTAKT
02) **1989**: GLAUBE
03) **27.4.1991**: MANTRA
04) **27.5.1992**:
DAS GEDICHT ÜBER DIE MODERNE
05) **6.3.1993**: PARADIES
06) **20.7.1993**: 100% DA
07) **27.1.1997, 12.E.S.**: (D)UR(CH)DÄNKER
08) **1.4.1997**: URSCHALL (G²)
09) **3./4.7.1998, JA(HR...-Teil VI**: ÜBERDU
10) **20.+21.10.1998**: KAPITALENT
11) **22.10.2000, 30.E.S.**: ÜBERLEUCHTER
12) **18.11.2002**: ÜBERDA(DA)
13) **11.6.2003, 8.QLP**: RAD
14) **27.+29.+30.5.2004 & 8.4.2008**:
SONNE(tt)IST(ischer) ÜBER(Griff) ALL
15) **24.-28.12.2004**: ZUR OFFENEN MITTE
[1.TRANSRELIGIÖSES GEBET FÜR DAS 23.JHD.]
16) **8.+9.12.2005**:
ÜBEREVENT (NEUROASTRONOMIE)
[5.TRANSRELIGIÖSES GEBET FÜR DAS 23.JHD.]
17) **1.12.2010**: GOTTLOSES GEBET
18) **14.12.2012, 92.E.S.**:
MYSTISCHER MATERIALISMUS
19) **9.9.2013**:
NEUROCHEMISCHE SACHLICHKEIT
20) **19.4.2015**:
WELT (RADIKALER KONTAKTISMUS)
21) **20.4.2015**:
MEDITATION DER MITTE

KONTAKT

zwischen zwei körnern
staub
schritte im meer
geatmet
und so

GLAUBE

alles
voll sowohl wie leer
ist sowieso
gelebt
viel mehr

MANTRA

Wo
Ich Mich
Treffe Da
Bist Du

DAS GEDICHT ÜBER DIE MODERNE

Ich
Kriege
Nichts

PARADIES

kriege führt man nur
gegen sich selbst
und stolz wie stein
darf licht nur sein
wie kleine kinder
kraft verschwenden
für restloses glück
ohne gewalt
anzuwenden
die spiegel verlieren
das feuer der wunden
wenn einsamkeit leuchtet
kann erdnähe munden
wir lecken dann
gläsern die körper
und stumm
alle geschichten sind
endlich bis dumm

100% DA

wie könnte mein geist
denn abwesend sein
wenn er im körper
nicht nur wohnt
sondern dadurch
erst geschieht

ich gebe alles
ohne zu verlieren
weil bloß offensichtliches
dem willen lebbar bleibt

in deiner nähe
flüchtet nichts

(D)UR(CH)DÄNKER

hart auf hart
zueinander fasten
ewigkeit zerteilen
in dich und
in mich und
niemand anders
kommt um
uns zu heilen
hier beginnt
die schrecksekunde wächst
und weitet körper
körperlich ertasten jedes
mal das erste
grabmal
leuchten

URSCHALL (G²)

plötzlich bricht
die gnadenlose gegenwart
unendlich zwischen uns
herein als leerer spalt im
wirklichkeitsgefüge öffnet
sich erschütternd schnell
die lüge aller trägen
träume durch das echte
dasein in der mitte
aller zeiten aller räume
mark und bein und
duldet keine widerrede
liebe war dagegen
bloß ein nettes wort
hier riecht es immerfort
ein bißchen
nach verbrannten
seelen leben
hart und hell

ÜBERDU

ich lese in dir
die geschichte eines universums
das sich dauernd neu gebirt
und höre deine seele
wie die stimme einer reinen
existenz aus energie und
leere dringt durch alle
körperzellen wie planeten
einer unendlichen umlaufbahn
die mitte leuchtet überall
wenn wir uns treffen
trifft sich die materie
gegenseitig selbst und
lacht im angesichte dieser
unbarmherzigen fraglosigkeit

KAPITALENT

bin wieder da
wo ich
herkam als die sprache
noch nicht denken konnte
keine bilder mein
bewußtsein trübten
keine meinung mein
vertrauen störte bücher
nichts erzählten
als geschichten und
geschichten langweilten
der körper jeden
augenblick wie einen
sonnenaufgang liebte
deine stimme
mich durchdrang und
wußte alles
wirklich
alles hatte sinn

ÜBERLEUCHTER

kernlos atmen
hirne durch die hohlen
körper glüht
das kosmische
lichtkarussell

ÜBERDA(DA)

wow, der kaspar lebt ja wieder!
warum hat das denn noch niemand hier b-merkt?
der kaspar lebt. hurra, er ist nicht tot!!!
(er hat nur ziiiiiemlich fest g-schlafen)
yeah, mit einem schlage auferstanden –
was für eine wundersame zauberei...
simsalabim simsalabim; Jetzt Geht Es Los:
den zwergen wachsen flügel
nebensächliches wird ÜBERGROHßß
in jedem körnchen *staub*
wohnt ewigkeit und kaspar
lacht und atmet tief und kitzelt den planeten
Alle Menschen Lieben Sich
(ganz durcheinander
wirbelt all der *staub*) an solchen tagen
gibt es keine fragen wir b-finden uns
urplötzlich im unendlichen...
urlaub! urlaub!! urlaub!!!

RAD

EG HR AN UR
EG IC LB
ND LZ IE TE
AR IC UR SE
IE LE ND
AF RSC
ÜR TL ÜC
HN EW
NZ
IE EG RL
AS UE ER ND
EN MKE UC
AN RDN NDE
IR EC AN
ÄS IE ÖRP
ND TU
LL HIC ND
DLI IS MM

SONNE(tt)IST(ischer) ÜBER(Griff) ALL

aus sonne geboren trifft mich der morgenstrahl /
durch einen holzspalt dringt photonendruck /
den wachen augen bleibt da keine wahl /
das phänomen strömt über mir zum stuck /

    (aus zimmerstaub wird zehn minuten lang /
    ein glitzernder kanal wie laserlicht /
    ganz fasziniert lieg ich im fremden bett /
    und schwanke zwischen traum und klarer sicht /)

was sich mir offenbart ist nicht magie /
nur die natur als schauspiel der physik /
so märchenhaft sah ich die wahrheit nie /
der bloße staub dient als erkenntniskick /

und wirbelt durch den ganzen dunklen raum /
und glitzert nur wo ihn die sonne trifft /
mein hirn faßt dieses echte wunder kaum /

mein herz wünscht sich die zeit ständ still – /
ich liege wie besoffen und bekifft /
die erdbewegung nimmt sich was sie will //

ZUR OFFENEN MITTE
[1.TRANSRELIGIÖSES GEBET FÜR DAS 23.JHD.]

DAS LOCH IST MEINE GROßE MITTE
ES DURCHDRINGT DAS GANZE ALL
DAS LOCH IST MEINE GROßE MITTE
ALS UNENDLICHER URKNALL

IN MEINEM KÖRPER WOHNT DIE LEERE
SIE TRÄGT UNS IM FREIEN FALL
IN MEINEM KÖRPER WOHNT DIE LEERE
SIE DURCHLÖST DEN ERDENBALL

MEIN GEIST VERWANDELT SICH ZU STILLE
ER BEJAHT DIE GEGENWART
AUCH OHNE WORTE SEI MEIN WILLE
OFFEN FÜR DIE FREIE TAT

DAS GRENZENLOSE LOCH IN MIR
RUHT ÜBERALL IN SEINER MITTE
ES VERBINDET MICH MIT DIR
UND TREIBT UNS VON HIER NACH HIER

ÜBEREVENT (NEUROASTRONOMIE)
[5.TRANSRELIGIÖSES GEBET FÜR DAS 23.JHD.]

hautlos
tanzen wir
den krummen
raumzeittango
aufrecht !
ja wir LEBEN
schon verdichtet
im unendlichen
bewußtseinsloch:
das universum
IST ein superhirn
die galaxien sind
synapsen in der leere
zwischen den planeten
nervenbahnen und
die erdregion:
als sitz der seele !
JETZT beginnt
die ewigkeit im
stillen

GOTTLOSES GEBET

mein monitor im kopf
bleibt leer ich
sehe keine bilder
höre keine stimmen
spüre mich im grenzen-
losen echtzeitkörper
ohne ich das ganze
universum atmet seine
eigene nichtexistenz
es gibt kein nirgendwo
zum flüchten der
bezugspunkt liegt
im absoluten
jetzt

MYSTISCHER MATERIALISMUS

Wir
Sind
Zuhause

NEUROCHEMISCHE SACHLICHKEIT

immer wieder
bei null anfangen
den leeren geist
durch zellkerne schießen
die körper spüren
als sei alles
zwischen uns
gesättigt

WELT
(RADIKALER KONTAKTISMUS)

alles ist
(bis in die kleinsten feinheiten
vorhanden die wahrheit
erstreckt sich von einem
ende der unendlichkeit
zum anderen und
nennt sich)
das ganze

MEDITATION DER MITTE

alles geschieht
extrem wirklich
aus der leere
des ganzen die
sich selbst
verschluckt

Tom Tomode

Drei Jahrzehnte nach seinem ersten erhaltenen Gedicht von 1985 meldet sich nun ein Dichter der wilden 90er mit einem spirituellen Einzelband zurück, der an den 1993 im Kölner Claus Richter Verlag erschienenen "JeDaZeitBereit" anknüpft. Das "Düsseldorfer Dichtermonster" (F.A.Z. 1997) De Toys vereint im Best-of-Werkquerschnitt "BODENLOS VERWURZELT WIE EIN STERN" aus dem mittlerweile über 2000 Gedichte umfassenden Oeuvre jene 99 GEDICHTE FÜR FREIGEISTER von 1985-2015, die seine transreligiöse Lochismus-Lebensphilosophie programmatisch umkreisen – gemäß seiner Poetologie einer antimetaphorischen "Direkten Dichtung".

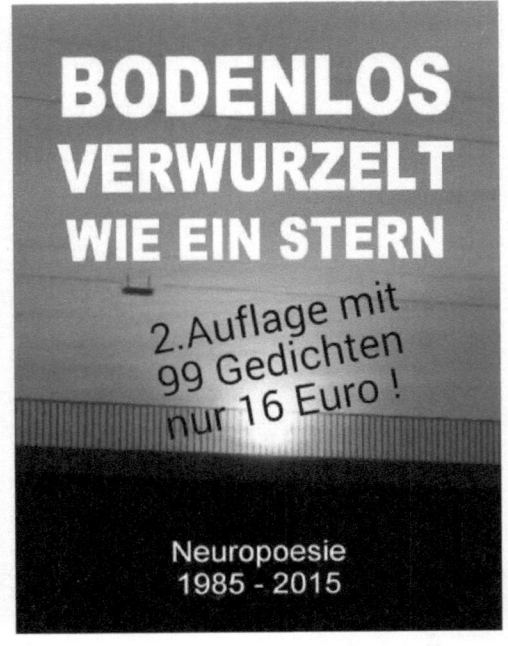

BODENLOS VERWURZELT WIE EIN STERN

2. Auflage mit 99 Gedichten nur 16 Euro !

Neuropoesie 1985 - 2015

Die Unendlichkeit ruht in ihrer eigenen Leere.

DAS NEUE BUCH! Leseprobe: www.NEUROSMOG.de

GRUNDLOSE INWESENHEIT

Alle lieferbaren Publikationen von Tom de Toys:
www.NEUROGERMANISTIK.de